열일곱, 운동에 미쳐라!

열일곱, 운동에 미쳐라!

지 은 이	정 세 헌
발 행 일	2024년 11월 11일
발 행 처	리 빙 북
등 록	제26-1-5호 (2005.10.6.)
주 소	수원시 영통구 영통동 1046 - 5
편 집	윤 병 운
디 자 인	윤 예 솔

ISBN 978-89-961423-4-8 43000

값 6,500원

Copyright©2024정세헌

뚱뚱한 범생이가 건강한 근육남이 된 비법을 전수한다!

열일곱, 운동에 미쳐라!

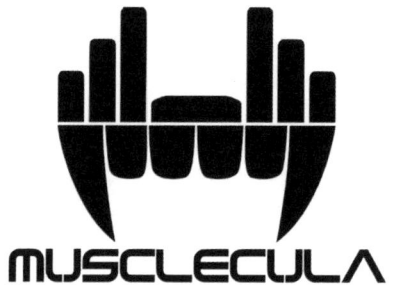

프롤로그

변화의 순간

2021년 여름,

거울 앞에 선 나는 낯선 모습과 마주했다.

한때 영재교육원에서 수학 문제를 풀며

주변의 기대를 한 몸에 받던 내가,

이제는 뚱뚱한 몸과 축 처진 어깨,

그리고 생기 잃은 눈빛을 가진 채 서 있었다.

코로나19 팬데믹은

나의 일상을 완전히 바꿔놓았다.

학교는 문을 닫았고,

나는 온라인 수업 중 게임에 빠져들었다.

끊임없이 배달 음식을 시켜 먹었고,
운동은 전혀 하지 않았다.
그 결과는 명확했다.
165cm의 키에 72kg의 체중은
내 자존감을 바닥까지 떨어뜨렸다.

그날, 나는 결심했다.
'이대로는 안 된다.'
'죽을 각오로 살을 빼자.'
극단적인 선택이었을지 모른다.
두 달 동안 거의 아무것도 먹지 않은 채

하루에 한 시간씩 러닝머신을 미친 듯이 뛰었다.
그 결과 20kg 감량이라는
만족스런 성과를 얻었지만,
동시에 원형 탈모와 무기력,
과학고 입시 실패라는 커다란 대가를 치러야 했다.
그리고 이 무모해 보이는 도전은
내 인생의 전환점이 되었다.
살을 빼는 과정에서
처음으로 내 몸에 관심을 가지게 되었고,
운동이 주는 엔도르핀의 쾌감을 경험했기 때문이다.
그리고 무엇보다, 내가 원하면 언제든

스스로를 변화시킬 수 있을 것이라는
자신감을 얻게 되었다.

이 책은
그날의 결심에서 시작된 나의 여정을 담고 있다.
수치와 성적으로만 자신의 가치를 매기던 한 소년이
공부가 인생의 전부라는 생각에서 벗어나,
운동을 통해 진정한 자아를 발견하게 된 이야기이며,
누구보다도 체육 시간을 싫어했던 아이가
친구들에게 헬스를 권하는
헬스 전도사로 거듭나게 된 이야기이다.

물론 그 여정은 결코 순탄치 않았다.
극단적인 다이어트 후유증을 극복하고
건강한 근육을 키우는 과정 가운데
여러 시행착오를 겪어야 했고,
운동과 학업을 병행하는 것도 어려웠다.
하지만 이 모든 과정이
나를 한층 더 강하게 만들고,
한층 더 크게 성장시켰음은 분명하다.

나는 나의 이야기가
단순히 나만의 것이 아니길 바란다.

나의 이야기가
지금 이 순간에도 자신의 모습에 실망하고,
변화의 가능성을 의심하는 누군가에게
작은 희망의 불씨가 됐으면 한다.
우리 모두에겐 변할 수 있는 힘이 있다.
당신의 여정을 응원한다.

2024년 10월의 마지막 날
뚱뚱한 범생이에서 건강한 근육남이 된
정 세 헌

목 차

프롤로그: 변화의 순간 ················· 5

제1장. 범생이의 추락 ················ 15
    숫자의 세계에 갇힌 소년 / 15
    코로나19와 게임 중독의 늪 / 21
    늘어난 몸무게, 낮아진 자존감 / 25

제2장. 위기를 기회로 ················ 31
    첫사랑과 극단적 다이어트 / 31
    성장의 한계에 도전하다 / 36
    헬스장, 새로운 세계와의 만남 / 41

제3장. 운동, 나를 다시 만들다 ······················ 47
　헬스장 입문과 기초 다지기 / 47
　나만의 운동 루틴 만들기 / 52
　75kg, 근육이 만든 자신감 / 56

제4장. 열정을 나누는 헬스 보이 ················ 63
　친구들을 위한 맞춤 운동 프로그램 / 63
　건강한 다이어트 식단 / 68
　헬린이를 위한 영양 가이드 / 73

제5장. 운동으로 그리는 미래 ···················· 81
　내 꿈은 스포츠 의류 브랜드 창업 / 81
　국제학교 진학과 미국 유학 준비 / 85
　10대들이여, 운동을 하자 / 91

에필로그 : 끝나지 않은 도전 ······················· 95

부록 ··· 101

제1장

MUSCLECULA

범생이의 추락

숫자의 세계에 갇힌 소년

어릴 적,
나는 호기심이 많은 아이였다.
주변의 모든 것을 관찰하고 분석하는 것을 좋아했고,
그 관심은 두 가지 방향으로 발전했다.
하나는 만들기에 대한 열정이었고,
다른 하나는 숫자와 논리에 대한 재능이었다.
만드는 걸 워낙 좋아하다 보니

영화나 전시회에서 본 것들은
꼭 집에서 한번 만들어봐야 직성이 풀렸다.
특히 '해리포터' 시리즈에 푹 빠져 여러 번 반복 시청하며,
주인공들이 사용하는 지팡이를
이쑤시개와 퍼티로 아주 작게 만들어 가족들을 놀라게 했다.

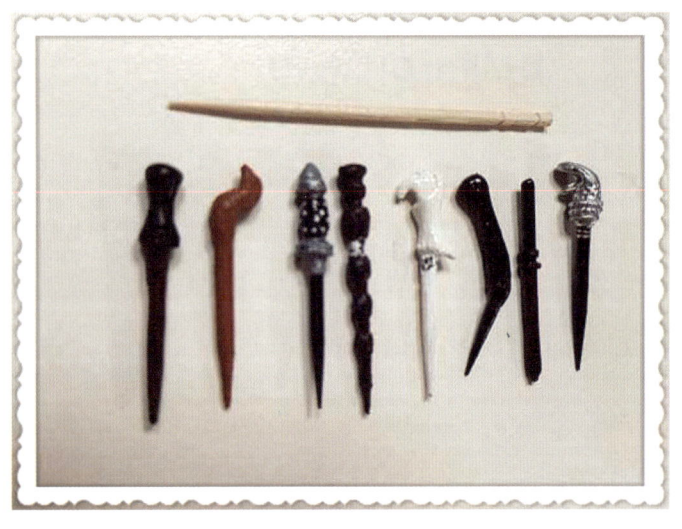

그 작은 지팡이는 단순한 장난감이 아니라,
나의 상상력과 손기술의 산물이었다.
인터넷에서 다양한 자료를 찾아보며
나만의 디자인을 구상했고,
그 과정에서 창의력이 꽃피었다.

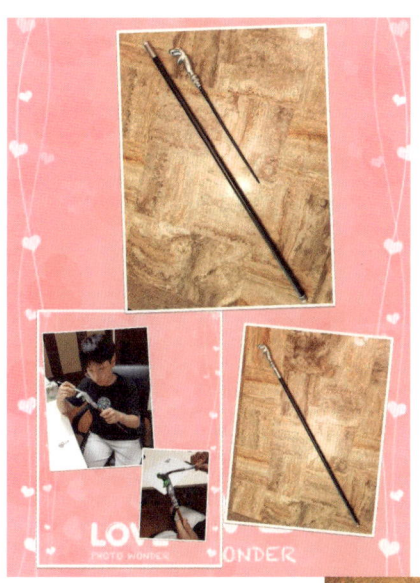

제1장. 범생이의 추락 · 17

세상에 하나뿐인 나만의 작품을 만든다는 생각에 가슴이 설렜다.

동시에 나는 숫자와도 친했다.
시험 점수, 석차, 백분위...
이런 숫자들이 나의 가치를 정의하는 것 같았다.
부모님은 두 분 모두 의사이시기에,
나는 부모님의 기대에 부응하기 위해
항상 최선을 다했다.
특히 수학과 과학 과목에서 두각을 나타냈고,
주변에서는 나를 영재라고 불렀다.
그때마다 나는 뿌듯함을 느꼈지만,
동시에 그 타이틀이 주는 무게감도 컸다.

초등학교 때는 영재교육원을 다니기도 했다.
13:1의 치열한 경쟁률을 뚫고
합격했을 때의 그 기쁨은 아직도 생생하다.
부모님의 자랑스러워하는 눈빛,
선생님들의 칭찬, 친구들의 부러워하는 시선 등
모든 것이 나를 행복하게 만들었다.

하지만 그 기쁨과 함께 무거운 책임감도 따라왔다.
주말마다 영재교육원에 가야 했고,
평일에는 여러 학원을 전전했다.
나의 일상은 점점 더 바빠졌고,
자유 시간은 줄어들었다.

힘들었지만, 그때의 나는
그것이 당연하다고 생각했다.
남들이 놀 때 나는 공부하니까,
친구들보다 더 앞서갈 수 있을 거라고 믿었다.
학교 수업이 끝나면 곧바로 학원으로 향했고,
밤늦게 집에 돌아와서는 숙제를 했다.
주요 과목인 수학, 영어, 과학 학원을 다니느라
하루의 대부분을 책상에 앉아 보냈다.
가끔은 너무 힘들어서 학원을 빼달라고
부모님께 조르기도 했다.
"엄마, 제발 오늘만 학원 안 가면 안 돼요?
오늘은 너무 피곤해요."

하지만 대부분의 경우

내 요청은 받아들여지지 않았고,
나는 눈물을 흘리며 학원으로 향해야 했다.
그 과정에서 점점 공부에 대한 흥미를 잃어갔지만,
그 사실을 인정하기가 두려웠다.
내가 공부를 포기하면,
나는 대체 어떤 사람이 되는 걸까?
"공부 잘하는 정세헌" 말고
다른 정체성을 찾는다는 건
너무나 두려운 일이었다.

이처럼 성적과 시험 준비에 모든 에너지를 쏟다 보니,
한때 즐겼던 만들기와 창작 활동은
점점 뒷전으로 밀려났다.
내 안의 창의적인 부분이
서서히 사라지는 것 같았다.
그러나 나는 이 사실을 인정하기 싫었고,
계속해서 "공부 잘하는 아이"의 모습을 유지하려 애썼다.
숫자로 정의되는 세계에 갇힌 나는,
점점 진정한 나 자신을 잃어가고 있었다.

코로나19와 게임 중독의 늪

2020년, 코로나19가 전 세계를 강타했을 때
나는 중학교 1학년이었다.
학교는 문을 닫았고,
모든 수업은 온라인으로 전환되었다.
이 갑작스러운 변화는
내 삶의 리듬을 완전히 바꿔 놓았다.

처음에는 온라인 수업이 좋았다.
아침 일찍 일어나 힘들게 등교할 필요 없이
집에서 편하게 수업을 들어도 된다는 게
신기하고 편했다.
그중에서도 체육 수업이 없다는 게
제일 좋은 부분이었다.
초등학교 때부터 워낙 운동을 못했기 때문에
체육 시간만 되면 너무 괴로웠다.

그러나 온라인 수업의 자유로움을 감당하기에
나는 너무 어리고 철이 없었다.

함께 온라인 수업을 듣던 친구 한 명이
내게 게임을 가르쳐줬는데,
난생처음 접하는 달콤한 신세계에 푹 빠진 나는
수업 시간마다 수업은 틀어놓기만 한 채
친구와 함께 게임 삼매경에 빠졌다.
특히 "리그 오브 레전드"(League of Legends)라는 게임에
완전히 빠져들었는데,
그 게임에 너무 중독된 나머지
선생님이 뭐라고 질문해도
건성건성 "네!"라고 답할 뿐,
손가락은 키보드와 마우스를
바쁘게 움직이고 있었다.

게임 속에서 나는
더 이상 "공부만 하는 아이"가 아니었다.
강력한 캐릭터를 조종하는 플레이어였고,
팀원들과 협력하여 승리를 쟁취하는 전략가였다.
게임에서 느끼는 성취감과 즐거움은
현실의 그것과는

비교가 되지 않을 정도로 강력했다.

하지만 그 대가로

내 학업은 뒷걸음질 치기 시작했다.

"정세헌, 공부 좀 해라.

이제 중학생인데

이렇게 성적이 떨어지면 어떻게 하니?"

엄마는 내 모습이 못마땅해 자주 꾸중을 하셨고,

그럴 때마다 나는 점점 더 위축되면서

죄책감에 시달렸다.

그러나 이상하게도 그러면 그럴수록

나는 더 깊이 게임에 빠져들었다.

게임은 나에게 고달픈 현실을 잠시나마 잊게 해주는

달콤한 도피처였다.

엄마는 내가 집에서 대부분의 시간을

게임에 쏟고 있다는 사실을

어렴풋이 눈치채고 계셨지만

늘 일 때문에 늦게 귀가하셨기에,

실제로 내가 게임하는 모습을

직접 목격하지는 못하셨다.

이런 생활은
중학교 2학년이 되어서도 계속되었다.
밤새도록 게임을 하고 아침에 겨우 일어나
수업에 참여하는 일이 잦아졌다.
그렇게 "공부 잘하는 정세헌"의 정체성은
점차 희미해지고 있었다.

물론 완전히 공부를 포기한 것은 아니었다.
저녁에는 학원에 가서
나름대로 열심히 공부했다.
하지만 학원 수업이 끝나면
다시 게임의 세계로 빠져들었다.
잠자는 시간을 줄여가며 게임을 했고,
그 결과 생활 리듬은 완전히 깨져버렸다.

자기 관리도 소홀해졌다.
씻는 것이 귀찮아 얼굴에 기름이 끼고,
머리가 떡이 져도 잘 씻지 않았고,

옷도 제대로 갈아입지 않았다.
식습관도 엉망이 되어
밤마다 족발, 보쌈 같은 고칼로리 음식을 시켜 먹으면서
체중은 급격히 늘어나고,
체력은 더욱 떨어졌다.
그러나 당시의 나는
이러한 변화를 별로 대수롭지 않게 생각했다.

늘어난 몸무게, 낮아진 자존감

일이 뭔가 잘못되어가고 있다고 느끼기 시작한 것은
중학교 3학년이 되면서부터였다.
2022년, 코로나 팬데믹이 엔데믹으로 전환되면서
오랜만에 학교에 가게 되었는데,
친구들을 만난다는 기쁨도 잠시,
팬데믹 동안 몰라보게 달라진
내 외모에 대한 불안감이 나를 짓누르기 시작했다.
친구들 중에는

방학 동안 몰라보게 키가 커서 온 아이들도 있었는데,
내 키는 165cm에 머물러 있었고,
몸무게는 계속 불어나서
어느새 72kg을 넘어서고 있었기 때문이다.

새 학년이 시작되자 소위 일진이라 불리는 아이들이
교실 분위기를 주도하기 시작했다.
그들은 자신들의 무리에 속하지 않은 아이들을
무시하는 경향이 강했다.
특히 선생님 심부름을 도맡아 하는
나 같은 "뚱뚱한 모범생"은
그들에게 더할 나위 없이 좋은 놀림감이었다.
나는 그들 눈에 띄지 않기 위해
되도록 조용히 지내려고 노력했지만,
갖은 노력에도 불구하고
그들의 비아냥과 무시를 피할 수는 없었다.

"야, 정세헌!
출석부 좀 빨리 가져올 수 없니?
너 때문에 종례가 늦어지잖아."

그들은 나를 볼 때마다
온갖 트집을 잡아가며 시비를 걸어왔지만
나는 고개를 푹 숙인 채 아무 대꾸도 할 수 없었다.
한때는 공부를 잘한다는 것 때문에
주변의 인정과 부러움을 한 몸에 받았지만,
좀 크고 나니
학업성적은 별 자랑거리가 되지 못했다.
중학교 3학년 아이들 사이에서 인정을 받으려면
무조건 몸이 좋고 운동을 잘해야 했다.
그러나 나는 운동을 못했다.
우리 반에는 나처럼 공부는 비교적 잘하지만
운동신경은 없는 아이들이 5명 정도 있었는데,
일진들은 우리를 '찐따'라고 불렀다.
우리 같은 찐따들에게
체육 시간은 특히나 괴로운 시간이었다.
간단한 준비운동만 해도 숨이 찼고,
달리기는 항상 느렸다.
축구나 농구 같은 구기 종목을 할 때는
아무도 우리들에게 공을 패스하지 않았다.

"저거 봐, 진짜 찐따 같아."

그들이 별 생각없이 내뱉는 이런 말들이
우리를 더욱 작아지게 만들었다.
물론, 우리 중에도 그들의 괴롭힘을 참지 못하고
"도대체 나한테 왜 그러냐?"며
큰 소리로 반발한 친구가 있었다.
그러나 그 결과는 더 큰 조롱과 무시뿐이었다.
정말 두들겨 맞지 않은 게 다행이었다.

그렇게 일진들의 괴롭힘이 심해지면서
학업 면에서도 문제가 생기기 시작했다.
자존감이 낮아지면서
공부할 의욕을 잃어버리게 된 것이다.
수업 시간에 점점 더 집중을 못하게 되었고,
성적은 계속 떨어졌다.

나의 뚱뚱한 몸은
나의 자존감과 자신감을 짓누르는 족쇄였다.
나는 이 상황을 바꾸고 싶었다.

그러나 어디서부터 어떻게, 무엇을 해야 할지
도무지 알 수 없었다.
그저 이대로는 안 된다는 막연한 생각만이
내 안에서 점점 더 커 갈 뿐이었다.

제2장

위기를 기회로

첫사랑과 극단적 다이어트

변화의 계기는 첫사랑과 함께 찾아왔다.
어느 날부터인가 같은 반 여학생 한 명에게
자꾸만 눈길이 가기 시작했다.
작은 눈에 오똑한 코가 인상적인,
날씬하고 예쁜 여학생이었다.
그녀의 얼굴을 볼 때마다

가슴이 마구 두근거렸는데,
난생처음 느껴보는 특별한 감정이었다.

그러나 그녀는 반에서 인기가 많았고,
다른 학교에 남자친구도 있었다.
그녀의 남자친구는 나와 달리 키가 크고,
운동을 잘하는 남자다운 사내였다.
그 아이와 비교하면
나는 너무 작고 뚱뚱했기 때문에
내 자신이 너무 부끄럽고 초라하게 느껴졌다.
그래서 그 여학생을 포기하려 했지만,
시간이 지나면 지날수록
그녀를 향한 내 마음은 더욱 커져만 갔다.
그래서 작전을 바꿨다.
무조건 살을 빼자!

결심을 하고 나니
행동으로 옮기는 것은 어렵지 않았다.
여름방학을 이용해 다이어트를 시작했다.
다이어트약을 복용하면서

음식을 거의 먹지 않고 살을 빼는
극단적인 다이어트였다.
지금 생각하면
참으로 무모하고 위험한 방법이었지만,
그때의 나는
오직 그녀의 관심을 끌고 싶다는 생각밖에 없었다.

식단은 닭가슴살과 샐러드로 제한했고,
그마저도 최소한으로 먹었다.
또한, 지방을 태우기 위해
매일 헬스장에 가서 한 시간씩 러닝머신을 뛰었다.
"세헌아, 제발 뭐 좀 먹어라.
이러다 건강 망가진다."
엄마는 내가 걱정되어
몇 번이나 울면서 나를 말리려 했지만,
나는 멈추지 않았다.
오히려 더 강한 의지를 다질 뿐이었다.
힘들 때마다 그녀의 얼굴을 떠올렸고,
그럴 때마다 새로운 힘이 솟아났다.

그렇게 나는 더 이상 뺄 살이 없을 때까지
내 자신을 가혹하게 몰아붙였다.
그 결과 두 달이 지나자
72kg에서 시작한 체중은 52kg까지 떨어졌다.
20kg 감량에 성공한 것이다.

개학 후,
나의 변화된 모습에 많은 친구들이 놀라워했다.
특히 그녀의 반응이 달라졌다.
점점 나에게 관심을 보이기 시작했고,
우리는 자주 대화를 나누게 되었다.
그러다 결국 우리는 사귀게 되었다.
내 노력이 헛되지 않았다는 생각에 가슴이 벅찼다.

그러나 무리한 다이어트로 인한
부작용도 있었다.
20kg 감량이라는
만족스런 성과를 얻었지만,
원형 탈모가 찾아왔다.

하지만 그보다 더 큰 예상치 못한 문제가 발생했다.
극단적인 다이어트로 인한 무기력과 집중력 저하로
개학 후 첫 시험을 망치게 된 것이다.
그로 인해 오랫동안 준비해왔던 과학고 입시가
물거품이 되어 버렸다.

결국 내가 한 일은
건강하지 못한 자기 파괴적 행동이었던 것이다.
나는 첫사랑이라는 감정에 휩쓸려
나 자신을 망가뜨리고 있었다.
그러나 후회는 없다.
이번 일로 내 의지력과 변화의 가능성을 깨닫게 되었으니
앞으로 보다 건강하고 지속가능한
변화를 만들어 나가면 될 일 아니겠는가?

이렇게 나는 2022년 한 해 동안
극단적 다이어트를 통해
첫사랑의 달콤함과 학업 실패의 쓴맛을 동시에 경험하며,
내게 있어 진정으로 필요한 변화가 무엇인지에 대해
조금씩 눈을 떠 가고 있었다.

성장의 한계에 도전하다

다이어트를 통해 체중 감량에는 성공했지만,
나는 여전히 내 몸에 만족하지 못했다.
극단적인 다이어트는 체중을 줄여주었을 뿐,
건강한 몸을 만들어주지는 않았다.
피부는 늘어나고,
군데군데 주름이 생기는 등
내 몸에는 다이어트의 후유증이 뚜렷하게 남아 있었다.
더구나 키가 165cm에 멈춰서
어느 순간부터인가 더 이상 자라지 않았다.
불안한 마음에 정형외과를 찾았다.

"성장판이 닫혀서
앞으로 1cm도 더 자라기 힘들 것 같습니다."
청천벽력 같은 말이었다.
이후 의사 선생님께서는 내게 방사선 사진을 보여주며
이런저런 설명을 해주셨지만,
그 설명이 하나도 귀에 들어오지 않았다.
그저 '더 이상 자라지 않는다'는 말만

머릿속에서 맴돌 뿐이었다.

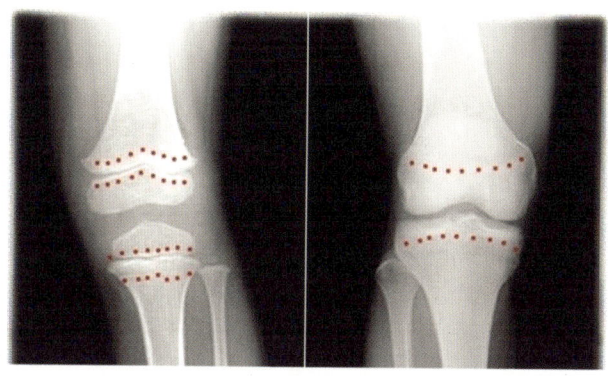

열린성장판　　　　　닫힌성장판

병원을 나와 집으로 돌아오는데
눈물이 멈추지 않았다.
방에 들어가 혼자 엉엉 울었다.
절망감이 쓰나미처럼 밀려왔지만,
그렇다고 해서 그대로 포기하고 싶지는 않았다.
'뭔가 길이 있을 거야.
그 길을 찾자.'

오랜 고민 끝에
그동안 공부하느라 구부정해진 자세를 교정하면
숨겨진 키를 찾을 수 있지 않을까 하는 데에 생각이 미쳤다.

그래서 공부할 때나 일상생활을 할 때
목과 등을 의식적으로 곧추세웠고,
날마다 아침저녁으로 철봉에 매달려 스트레칭을 했다.
등 근육과 목 근육이 강화되면
자연스럽게 자세가 교정되고
키도 커 보일 것 같은 생각에
근육 운동도 게을리하지 않았다.

원체 운동을 좋아하지 않던 나였지만,
키만 자라준다면야 어떤 일도 할 수 있을 것 같았다.
더불어 내 몸에 붙은 늘어진 살들을
몽땅 다 단단한 근육으로 바꿔야겠다는
목표도 세우게 됐다.
처음에는 다이어트 약을 끊고,
가벼운 맨몸 운동부터 시작했다.
집에서 하루에 한 시간씩 팔굽혀펴기, 스쿼트,
그리고 턱걸이 같은 간단한 운동으로 몸을 단련했다.

그 과정이 결코 쉽지는 않았다.
처음에는 몇 번 하지도 못하고 금방 지쳐버렸다.

가끔은 운동을 시작한 것이 후회될 만큼 온몸이 뻐근했고,
중간에 포기하고 싶은 마음이 들기도 했다.
가끔은 '오늘 하루쯤
쉬어도 되지 않을까?' 하는 생각이 들었고,
실제로 운동을 건너뛰는 날도 있었다.
하지만 다시 마음을 다잡고
꾸준히 운동을 이어 나갔다.
내가 목표한 대로
강하고 건강한 몸을 지닌 키 큰 청소년이 되려면
나는 이 과정을 반드시 견뎌내야 했다.

하루하루 조금씩 내 몸이 변해가는 것이 느껴졌고,
어느 순간 근육이 붙기 시작했다.
그리고 놀랍게도, 키도 조금씩 자라기 시작했다.
처음에는 착각인가 싶었지만,
옷이 조금씩 짧아지는 것을 보며 확신할 수 있었다.
체력이 좋아지면서 일상생활도 한결 수월해졌다.
오랫동안 앉아 있거나 걸어 다녀도
쉽게 피곤해지지 않았고,

움직이는 것이 더 이상 부담스럽지 않았다.

신이 나서 더 열심히, 더 끈질기게 운동을 했다.
그랬더니 놀라운 결과가 나타났다.
불과 몇 달 사이에
165cm에 불과했던 내 키가
172cm까지 성장한 것이다.
의사 선생님께서
단 1cm도 더 자랄 수 없을 것이라고 단언했던 내 키가
무려 7cm나 더 자랐다.
실로 놀라운 경험이었다.

이를 통해 나는 내 자신이 포기하지 않는 이상
내 삶에 불가능은 없다는 것을 깨닫게 되었다.
운동은 내 신체뿐 아니라 정신까지 단련시켜 주었다.
이제 나는 어떠한 순간에도 쉽게 포기하지 않고
계속해서 도전할 수 있는 용기를 갖게 되었다.
누가 뭐라 해도
내 인생의 성장판은 아직 닫히지 않았다!

헬스장, 새로운 세계와의 만남

맨몸 운동을 통해 기초 체력을 다져가면서
나는 점점 더 큰 변화를 원하게 되었다.
단순히 날씬한 몸을 넘어서
강하고 건강한 몸을 만드는 것을 목표로 삼게 되었고,
그 과정에서 보다 효율적으로 근육을 키울 수 있는
웨이트 트레이닝에 관심을 갖게 되었다.

처음 헬스장에 들어섰던 날이 아직도 생생하다.
무겁고 거대한 덤벨과 기계들,
그리고 마치 다른 세계 사람들처럼
강해 보이는 사람들 사이에서 주눅이 들었다.
하지만 동시에 이곳에서
내가 얼마나 멋지게 변할 수 있을지에 대한 설렘도 느꼈다.
운동 기구를 다루는 법을 전혀 몰랐기에,
처음 한 달 동안은
PT(Personal Training)를 받기로 했다.

트레이너는 내게 운동의 원리와 올바른 자세,

근육을 키우기 위한 체계적인 훈련 방법을
차근차근 가르쳐주었다.

나는 그의 지도를 받으며
운동의 진정한 매력을 조금씩 알아가기 시작했다.
물론, 처음 며칠 동안은
헬스장 분위기에 적응하는 것이 쉽지 않았다.
낯선 환경에서 낯선 기구들을 다루는 것은 어색했고,
주변 사람들의 시선이 신경 쓰였다.

그러나 시간이 흐르면서

점점 더 높은 무게, 점점 더 다양한 기구에 도전하게 되었고,
웨이트 트레이닝의 즐거움 역시 깨닫게 되었다.
헬스장은 그저 운동을 하는 공간이 아닌,
내 몸을 이해하고 변화시킬 수 있는 배움의 장소였다.

마치 나만의 작업장에서
내 몸을 원하는 대로 조각하는 듯한
신나는 경험이었다.

나는 거의 매일 헬스장에 갔다.
주 6일, 하루에 1시간 반 정도를 투자하며

꾸준히 몸을 단련했다.
처음에는 힘들었지만,
시간이 지날수록 체력이 좋아지고
근육이 붙는 것을 느낄 수 있었다.
웨이트 트레이닝을 통해 몸을 만들어가는 과정은
단순히 근육을 키우는 것 이상의 의미가 있었다.
매일 조금씩 무게를 늘리고 횟수를 늘려가면서,
나는 매 순간 스스로의 한계를 넘고 있었다.
이 과정에서 나는
몸뿐만 아니라 마음까지 단련할 수 있었다.

물론 모든 것이 순탄한 건 아니었다.
근육이 늘어나는 동안에도
급격한 체중 감량으로 생긴 피부 늘어짐은
여전히 남아 있었다.
하지만 이마저도 나에게는
더 열심히 운동해야 할 이유가 되었다.
나는 이제 더 이상
외모에 대한 열등감을 없애기 위해 운동하지 않는다.

그저 건강하고 강한 몸을 만들기 위해
꾸준히 나아갈 뿐이다.

매일 반복되는 운동은
나를 더 강하게 만들었고,
그 과정을 통해
나는 나 자신을 더 사랑하게 되었다.
앞으로도 나는 계속해서
나의 몸과 마음을 단련하며,
더 나은 나를 위해 도전할 것이다.
이처럼 헬스장은
단순히 근육을 키우는 공간을 넘어
내 삶 전체를 바꾸는 중요한 전환점이 되었다.

제3장

운동, 나를 다시 만들다

헬스장 입문과 기초 다지기

중학생 때,
나는 극단적인 다이어트로 인해
건강을 해치고 자존감을 잃었다.
그러나 고등학교에 입학하면서 헬스를 시작했고,
이는 내 인생의 터닝포인트가 되었다.
헬스를 통해 나는 단순히 몸이 좋아지는 것을 넘어,

정신적으로도 크게 성장할 수 있었다.
이러한 경험을 통해
나는 10대 시절
헬스의 중요성을 깊이 깨닫게 되었다.

헬스의 가장 큰 장점은
전반적인 건강 증진이다.
규칙적인 운동은
심혈관 건강을 개선하고 면역 체계를 강화하며,
특히 성장기 청소년들의 골밀도 향상에 도움을 준다.
또한, 뇌의 혈류를 증가시켜
집중력과 기억력을 향상시키므로
학업 능력 향상에도 긍정적인 영향을 미친다.
체형 개선과 체력 향상은
자신감 증진으로 이어진다.
목표를 설정하고
이를 달성해 나가는 과정에서 얻는 성취감은
삶의 다른 영역에도
긍정적인 영향을 미칠 수 있다.

또한, 헬스장에서
다양한 연령대의 사람들과 교류하는 가운데
사회성을 발달시킬 수 있으며,
협동심과 인내심도 기를 수 있다.

헬스는 생활 습관 개선에도 큰 도움이 된다.
규칙적인 운동 습관은
일상생활의 규율성을 높이고,
영양에 대한 관심 증가로
식습관 개선으로 이어질 수 있다.
이는 과체중이나 비만 예방에 도움이 되며,
균형 잡힌 체형을 만들어
외모에 대한 만족도를 높인다.

헬스장에서의 기초 트레이닝은
크게 세 가지로 나눌 수 있다.

첫째,
올바른 자세와 폼 익히기다.
스쿼트(Squat),

데드리프트(Deadlift),
벤치프레스(Bench Press) 등
기본적인 운동 동작들의
정확한 자세를 배우는 것이 중요하다.
잘못된 자세는 부상의 위험을 높이고
운동 효과를 감소시키기 때문이다.

둘째,
각종 운동 기구의 올바른 사용법을 익혀야 한다.
웨이트 머신(Weight Machine),
프리 웨이트(Free Weights),
유산소 기구 등
다양한 장비의 조절 방법과
안전장치 사용법을 배워야 안전하게 운동할 수 있다.

셋째,
기본적인 운동 원리를 이해해야 한다.
근육의 작동 원리,
운동 강도와 빈도의 조절,
휴식의 중요성 등을 배우고,

과부하의 원리, 점진적 과부하 원리 등
운동 효과를 극대화하기 위한 기본 원리들을 익혀야 한다.

헬스장에서의 기초 트레이닝은
보통 준비운동, 본 운동, 정리 운동의 순서로 진행된다.
초보자들은 전신 운동으로 시작하여
점차 분할 운동으로 발전해 나가는 것이 일반적이다.
더불어 운동뿐만 아니라 영양학적 지식도 중요하다.
근육 성장과 체지방 감소를 위한 적절한 영양 섭취,
단백질의 중요성, 식사 타이밍 등에 대한
기본적인 이해가 필요하다.

이러한 기초를 바탕으로 꾸준히 운동을 하면,
청소년들은 현재의 건강과 체력 향상뿐만 아니라
미래의 건강한 삶을 위한 기반을 마련할 수 있다.
헬스는 단순한 근육 운동이 아닌,
전인적인 성장과 발전을 도모하는 종합적인 활동이기에
10대 때 반드시 도전해 볼 만하다.

나만의 운동 루틴 만들기

효과적인 웨이트 트레이닝(Weight Training)을 위해
나는 나만의 운동 루틴을 만들었고,
이를 통해 근력과 체형을 크게 개선할 수 있었다.
이번 섹션에서는 나의 운동 루틴을 소개하려고 한다.
이를 참고해 여러분도 자신만의 루틴을 만들어 보길 바란다.

일단, 웨이트 운동의 중요한 원리 세 가지는 다음과 같다.
첫째, 오버로드(Overload) 원리.
근육은 평소보다 더 큰 부하를 받았을 때 성장한다.
둘째, 특이성 원리.
특정 근육을 타겟으로 운동할수록
그 부위의 발달이 이루어진다.
셋째, 회복 원리
근육은 회복 기간 동안 성장하기 때문에
충분한 휴식과 영양이 필수적이다.

나는 이 세 가지 원리를 토대로 운동을 설계했다.
운동 후 근육이 커지기 위해서는

근육에 스트레스를 가한 후,
충분한 회복이 필요하다.
그래서 한 부위를 집중적으로 운동한 후에는
2~3일 정도의 휴식을 주는 것이 중요하다.

또한, 나의 루틴은
웨이트 트레이닝의 기본이라 할 수 있는
3대 운동을 중심으로 짜여 있다.
3대 운동은 아래와 같다.

첫째, 벤치프레스(Bench Press) (가슴)
주로 가슴 근육을 강화하며,
어깨와 삼두근까지도 발달시킬 수 있는 운동이다.

둘째, 데드리프트(Deadlift) (등)
전신을 사용하는 복합 운동으로,
특히 등과 하체 근력을 키우는 데 효과적인 운동이다.

셋째, 스쿼트(Squat) (하체)
하체 근육을 집중적으로 발달시키며,
균형과 안정성도 높여주는 운동이다.

이 기본 운동을 토대로 '분할 운동' 방식을 사용해 일주일 동안 각 근육 부위를 나눠 훈련했다. 다음은 내가 사용하는 일주일 운동 루틴이다.

- 월요일: 가슴
    벤치프레스(Bench Press)
    인클라인 벤치프레스(Incline Bench Press)
    플라이(Fly)
    딥스(Dips)

- 화요일: 등
    데드리프트(Deadlift)
    풀업(Pull-Up)
    풀다운(Pulldown)
    로우(Row)

- 수요일: 팔
    이두: 덤벨 컬(Dumbbell Curl)
    삼두: 트라이셉스 푸시다운(Triceps Pushdown)

- 목요일: 하체
    스쿼트(Squat)

레그프레스(Leg Press)

- 금요일: 어깨

    오버헤드프레스(Overhead Press)

    사이드 레터럴 레이즈(Side Lateral Raise)

- 토요일: 복근

    크런치(Crunch)

    레그 레이즈(Leg Raise)

    플랭크(Plank)

- 일요일: 휴식

이 루틴에서 각 운동은
3-4가지 동작으로 구성되고,
세트당 8-12회 반복하며
3-4세트를 진행한다.
처음에는 가벼운 무게로 정확한 자세를 익힌 후,
점차 무게를 늘려가며
근육에 충분한 자극을 주는 것이 중요하다.
4-6주마다 루틴을 약간씩 변경하여
근육의 적응을 방지한다.

운동 사이의 휴식 시간도 필수적이다.
일반적으로 세트 간에는 60-90초,
운동 간에는 2-3분의 휴식을 취한다.
같은 부위의 운동은
최소 48시간 휴식을 준 후 다시 시작한다.

이 루틴을 꾸준히 실천하면서
나는 근력이 크게 향상되고
체형이 눈에 띄게 개선되는 것을 느꼈다.
여러분도 이 루틴을 참고하여
자신만의 계획을 세우고 실천한다면
분명 좋은 결과를 얻을 수 있을 것이다.
다만, 각자의 신체 능력과 상태가 다르기 때문에
무리하지 않고
자신의 몸에 맞게 조정해 진행하는 것이 중요하다.

75kg, 근육이 만든 자신감

헬스장에서 본격적으로 운동을 시작하게 되면

몸에 근육이 붙기는 하지만,
그 근육은 뭔가 풍성한 느낌이 들지 않는 '마른 근육'이다.
나 역시 그랬다.
나는
아놀드 슈워제네거(Arnold Schwarzenegger)의
가슴과 이두근,
로니 콜먼(Ronnie Coleman)의
압도적인 크기,
제이 커틀러(Jay Cutler)의
하체,
크리스 범스테드(Chris Bumstead)의
완벽한 균형,
그리고 도리안 예이츠(Dorian Yates)의
넓고 강력한 등처럼
더 크고 강인한 체형을 갖추고 싶었지만,
그러려면 뭔가가 더 필요해 보였다.
그들처럼 되려면 헬스장에서 많은 시간을 보내며
지속적인 훈련을 하는 것 외에
철저한 식단 관리가 뒤따라야 하는 것이다.

고등학교 1학년 중반,
여러 유튜브 영상과 블로그를 통해
근육 성장을 위한 영양 섭취의 중요성을 깨달은 나는
그때부터 꼼꼼하게 식단 관리를 하기 시작했다.
근육을 키우기 위해 단백질 섭취를 늘리고,
전체적인 칼로리 섭취량을 세심하게 조절했다.
이 과정에서
탄수화물과 지방의 비율 역시 중요하다는 것을 알게 되어
나만의 맞춤형 식단을 만들어 꾸준히 실천했다.

1년 정도 꾸준히 운동하고 식단을 조절한 끝에,
나는 놀라운 변화를 경험할 수 있었다.
근육량이 늘어나면서
마침내 내 몸이 더 크고 강해지기 시작한 것이다.
체중도 75kg까지 증가했는데,
단순히 체중만 늘어난 것만이 아니라,
키도 7cm나 자라서 172cm가 되었다.
그동안 다이어트로 인해 멈췄던 성장이
영양 섭취와 적절한 운동 덕분에

다시 시작된 것 같았다.

이처럼 몸이 자라는 것을 직접 경험하면서
나는 내 자신에 대한 확신을 얻었다.
내가 목표로 삼았던
아놀드 슈워제네거나 제이 커틀러 같은
이상적인 몸에 조금씩 가까워지고 있다는 사실이
나를 더욱 열정적으로 만들었다.

75kg.
내게 있어 이 숫자는 단순한 숫자가 아니었다.
그것은 나의 끊임없는 노력과 땀의 증거였으며,
내 자신감의 토대였다.

이 같은 신체적 변화는
일상생활에서도 큰 차이를 만들었다.
균형 잡힌 체형과 강해진 근력 덕분에
평소에 무거운 짐을 드는 일이 훨씬 수월해졌고,
오랜 시간 앉아 있거나 걸을 때도
더 이상 쉽게 지치지 않았다.

옷맵시도 확연히 달라졌다.
이제는 내가 입고 싶은 옷을 자신 있게 고를 수 있고,
그 옷들이 내 몸에 딱 맞아떨어진다.
거울 속에 비치는 나의 모습은
더 이상 과거의 내가 아니다.

몸을 통해 자신감이 회복되면서
삶의 다른 부분에서도 더 적극적이고
자신감 있게 행동할 수 있게 되었다.
이전에는 할 수 없을 것 같았던 일들이
이제는 도전할 만한 과제로 느껴지는 것이다.
내 인생에 불가능은 없을 것 같은 생각이 든다.
매일의 운동과 식단 관리를 통해
내 몸이 어떻게 변화하는지
눈으로 직접 확인하면서
내 자신에 대한 신뢰가 쌓인 결과다.

매일 일정한 시간에 운동을 하고
끼니마다 영양소를 신경 쓰다 보니
하루하루가 더 체계적으로 바뀌고,

스트레스도 더 효과적으로 관리할 수 있게 되는 것 같다.
인간관계에도 긍정적인 영향을 미쳐서
사람들과의 관계가 더 적극적이고 개방적으로 변했다.
운동을 하면 할수록 몸은 피곤해지지만,
정신은 오히려 더 명료해지는 느낌이다.

이 경험을 통해
나는 운동이
단순히 외모를 바꾸는 것 이상의 힘을 가지고 있음을
알게 되었다.
거울 속 달라진 내 모습을 보며 느끼는 뿌듯함은
단순한 외적 만족을 넘어,
내 잠재력에 대한 새로운 인식으로 이어졌다.

제4장

열정을 나누는 헬스 보이

친구들을 위한 맞춤 운동 프로그램

운동을 시작한 지 몇 개월이 지나자,
주변 친구들이 내 변화를 눈여겨보기 시작했다.
특히 내가 체육 시간에
팔굽혀펴기를 50개씩 하는 모습을 보고 깜짝 놀라면서
진지하게 운동 방법을 물어보곤 했다.

"야, 세헌아,

너 어떻게 그렇게 팔굽혀펴기를 많이 해?"

"나도 너처럼 몸 만들고 싶은데, 어떻게 하면 돼?"

"운동 좀 가르쳐줄 수 있어?"

특히 체형에 콤플렉스를 가진 두 친구가
내게 조언을 구했고,
나는 기꺼이 그들을 돕기로 했다.

첫 번째 친구는
매우 마른 체형을 가진 친구였다.
평소 밥을 잘 먹지 않아
급식도 거의 남기는 친구였고,
키는 175cm인데
몸무게는 겨우 50kg 정도밖에 나가지 않았다.
특히 어깨가 좁은 것이 큰 고민이었다.
이 친구를 위해
나는 다음과 같은 운동 프로그램을 제안했다.

· 식단: 충분한 식사량 확보, 특히 단백질 섭취 강조

· 운동: 근력 운동 위주, 특히 등과 어깨 운동에 집중

- 팔굽혀펴기, 턱걸이, 맨몸 스쿼트 등 맨몸 운동으로 시작
- 점진적으로 웨이트 트레이닝 도입

· 루틴: 주 5-6회, 하루 1시간 운동

친구는 내 제안을 받아들였고,
우리는 함께 운동을 시작했다.
처음에는 맨몸 운동으로 시작했고,
기본적인 근력이 생긴 후에는
아파트 헬스장에서
본격적인 웨이트 트레이닝을 시작했다.
내가 PT를 받았던 경험을 바탕으로
친구에게 자세를 가르쳐주고,
운동 프로그램을 짜주었다.
하루에 가슴, 등, 하체를
각각 20분씩 나눠 운동하도록 했고,
유산소 운동은 근육 손실을 우려해 제외했다.

두 번째 친구는
과체중으로 고민하는 친구였다.
키가 190cm에

체중이 120kg이었는데,
체중에 대한 콤플렉스가 매우 컸다.
이 친구는 첫 번째 친구의 변화를 보고 감명을 받아
나에게 도움을 요청했다.
이 친구에게는 다음과 같은 프로그램을 제안했다.

- 식단: 적절한 칼로리 제한, 단백질 위주의 식단

- 운동: 유산소 운동과 웨이트 트레이닝 병행
    - 웨이트: 낮은 무게로 고반복
      (최대 무게의 30% 정도로 15회씩)
    - 유산소: 러닝머신 30분 (운동 후반부에 배치)

- 루틴: 주 6회, 하루 1시간 30분 (근력 1시간, 유산소 30분)

이 친구의 경우,
체중 감량이 우선이었기에
유산소 운동을 포함시켰지만,
근육 손실을 최소화하기 위해
웨이트 트레이닝을 먼저 하고
유산소 운동은 나중에 하도록 했다.

우리 셋은 거의 매일 같이 헬스장에 갔다.
학교가 끝나면 곧바로 헬스장으로 향했고,
서로의 자세를 체크해주고 응원하며 운동했다.
무거운 중량을 들 때는 서로 도와주고,
지칠 때면 격려하며 함께 성장해 나갔다.
그 덕에 두 친구 모두 놀라운 변화를 보여주었다.
마른 친구는
학년이 끝날 무렵 어깨가 눈에 띄게 넓어졌고,
과체중이었던 친구는
3개월 만에 35kg을 감량하는 성과를 거두었다.

친구들과 함께 운동하면서
나 역시 많은 것을 배웠다.
각자의 체형과 목표에 맞춰 운동 방식을 달리하면
그에 따라 다른 결과를 얻을 수 있다는 사실을
몸소 체험했다.
내가 짠 프로그램대로 친구들이 운동하면서
변화하는 모습을 보며 느꼈던 보람도 상당했다.

무엇보다 함께 운동하니

서로에게 좋은 동기부여가 되었다.
혼자 할 때보다 더 열심히 하게 되고,
서로의 변화를 지켜보며 자극도 많이 받았다.
지금도 우리 셋은 함께 운동하며
서로의 성장을 응원하고 있다.

이 경험을 통해
나는 내 변화가 다른 사람들에게
긍정적인 영향을 줄 수 있다는 사실을 깨달았으며,
좋은 것을 함께 나누는 기쁨도 느꼈다.
그래서 앞으로도 누군가 내게 도움을 요청한다면
기꺼이 내 지식과 경험을 나누고 싶다.

건강한 다이어트 식단

나는 극단적인 다이어트로
피부가 늘어나는 후유증을 겪었지만,
식단을 잘 조절하면
얼마든지 건강하게 다이어트를 할 수 있다.

나는 여동생의 다이어트를 도와주면서
건강한 다이어트의 효과를 직접 체험하게 되었다.
여동생은 고등학교 입학을 앞두고
살을 빼고 싶어 했다.
내가 여동생의 다이어트를 돕기 위해 구성한
건강한 다이어트 식단의 핵심은 다음과 같다.

- 단백질 섭취 증가
    - 닭가슴살, 달걀, 두부 등 저지방 고단백 식품 선택
    - 근육량 유지와 포만감 증진에 도움

- 채소 섭취 증가
    - 다양한 종류의 샐러드나 찌거나 구운 채소 섭취
    - 비타민, 미네랄, 식이섬유 공급으로 건강 유지

- 탄수화물 조절
    - 정제된 탄수화물보다는 현미, 귀리 등 복합 탄수화물 선택
    - 혈당 조절과 지속적인 에너지 공급에 효과적

- 지방 섭취 주의
    - 불포화 지방 위주로 섭취 (견과류, 아보카도 등)
    - 필수 지방산 섭취와 호르몬 균형 유지에 필요

- 간헐적 단식
    - 12시부터 6시까지만 식사하고 나머지 시간은 금식
    - 체지방 감소와 신진대사 개선에 도움

- 수분 섭취
    - 하루 2리터 이상의 물 섭취
    - 신진대사 촉진과 포만감 유지에 효과

여동생은 이러한 원칙을 바탕으로

한 달 반 동안 집중적인 식단 관리를 했다.
집 주변의 다이어트 음식점을 활용해
닭가슴살과 샐러드 위주의 식단을 구성한 뒤
간헐적 단식을 병행한 것이다.
그 결과 여동생은 5kg 감량에 성공해
만족할 만한 몸매를 얻게 되었다.

여기서 주의할 점은
급격한 다이어트보다는
지속가능한 식습관 개선이 중요하다는 것이다.
여동생의 경우 처음에는 힘들어했지만,

점차 새로운 식습관에 적응해갔다.
그리고 다이어트 후에도 적당히 먹는 습관이 유지되어
지금까지 요요 현상 없이 빠진 체중을 잘 유지하고 있다.

더불어 무조건적인 식사 제한보다는
영양 균형을 고려한 식단 구성이 중요하다.
단순히 굶는 것이 아니라,
필요한 영양소를 골고루 섭취하면서
적절한 양을 먹는 것이
건강한 다이어트의 핵심이다.

마지막으로,
식단 관리는 개인차가 크므로
자신의 몸 상태를 잘 관찰하며
조절해 나가는 것이 중요하다.
체중계의 숫자에만 집착하지 말고,
전반적인 건강 상태와 컨디션을 함께 고려해야 한다.

건강한 식단 관리는
단순히 체중 감량을 넘어

전반적인 건강 증진과 자신감 향상으로 이어질 수 있다.

헬린이를 위한 영양 가이드

헬스를 처음 시작하는
"헬린이"들에게 가장 중요한 것 중 하나는
올바른 영양 섭취다.
운동만큼이나 중요한 것이
바로 식단 관리임을 잊어서는 안 된다.
이를 위해 가장 먼저 알아야 할 것은
바로 3대 영양소인데,
이는 단백질, 탄수화물, 지방으로,
이 영양소들은 각각 고유한 역할이 있기 때문에
모두 골고루 섭취해 주어야 한다.

먼저, 단백질은
근육 생성과 회복에 필수적인 영양소로,
체중 1kg당 1.2~2.0g을 섭취하는 것이 좋다.
닭가슴살, 계란, 생선, 두부, 유제품 등이 주요 공급원이다.

탄수화물은 주요 에너지원으로,
하루 최소 130g 이상 섭취가 권장되며,
다이어트 시에는 100g 내외로 조절할 수 있다.
지방은 호르몬 생성과 비타민 흡수에
중요한 역할을 하므로,
불포화지방을 중심으로 적절히 섭취해야 한다.

근육을 키우려면
끼니마다 단백질을 섭취하여야 하는데,
특히 운동 전후 30분 내에
단백질과 탄수화물을 함께 섭취하면
근육 생성과 에너지 공급에 도움이 된다.

또 하루 2리터 이상의 물을 마시는 것이 좋은데,
물은 신진대사를 원활히 하고
운동 중 땀으로 손실되는 수분을
보충해 주기 때문이다.

혈당 스파이크는 주의 깊게 관리해야 한다.
혈당 스파이크란
식사 후 혈당이 급격히 상승하는 현상을 말하는데,
이는 인슐린 분비를 과도하게 자극하여
체지방 축적을 촉진하고
에너지 레벨을 급격하게 변화시킨다.
따라서 이를 방지하기 위해
복합탄수화물을 선택해 규칙적으로 식사하되
단백질과 지방을 함께 섭취하는 것이 좋다.
또한 식후 가벼운 운동을 하면
근육에서의 포도당 흡수를 촉진할 수 있다.

영양 섭취가 부족할 경우에는
보충제를 활용할 수 있다.
주요 보충제로는

프로틴 파우더, BCAA, 크레아틴 등이 있는데,
보충제에 과도하게 의존하기보다는
균형 잡힌 식단을 통해
영양소를 고루 섭취하는 편이 낫다.

영양 관리에서 이소성 지방의 축적 또한 주의해야 한다.
이는 내장 지방뿐만 아니라
근육, 간 등 본래 지방이 축적되지 않아야 할 부위에
쌓이는 지방을 말한다.
규칙적인 운동과 균형 잡힌 식단으로
이를 예방할 수 있으며,
이는 전반적인 건강 유지에도 큰 도움이 된다.

마지막으로,
지난 챕터에서 얘기한 것처럼
헬린이들은 과도한 다이어트보다는
지속가능한 식습관 개선에
초점을 맞추는 것이 중요하다.
식품 선택 시 영양 성분표를 확인하는 습관을 들이고,
가공식품보다는 자연식품 위주로 섭취하는 것이 좋다.

개인의 체형, 목표, 활동량에 따라
영양 섭취량을 조절해야 하므로,
필요시 영양사나 전문가의 상담을 받는 것도
도움이 될 수 있다.

올바른 영양 섭취는
운동 효과를 극대화하고
건강한 몸을 만드는 데 필수적이다.
꾸준한 노력과 올바른 지식을 바탕으로
식단을 관리한다면,
우리 헬린이들도
자신의 운동 목표를
효과적으로 달성할 수 있을 것이다.

1회 제공량	1 인분
1회 제공량	
칼로리	**319**
	% 일일 권장 섭취량*
총 지방 3 g	4 %
포화 지방 0 g	0 %
트랜스 지방 0 g	
콜레스테롤 0 mg	0 %
나트륨 0 mg	0 %
총 탄수화물 45 g	16 %
식이섬유 0 g	0 %
총당류 0 g	
단백질 28 g	
비타민A 0mcg	0 %
비타민C 0 mg	0 %
칼슘 0 mg	0 %
철분 0 mg	0 %
칼륨 0 mg	0 %

● 탄수화물　● 지방　● 단백질

51%　　　　　　　　　17%　　32%

1회 제공량	1 인분
1회 제공량	
칼로리	**377**
	% 일일 권장 섭취량*
총 지방 7 g	9 %
총 탄수화물 47 g	17 %
단백질 30 g	
비타민A 0mcg	0 %
비타민C 0 mg	0 %
칼슘 0 mg	0 %
철분 0 mg	0 %

* 일일 권장 섭취량은 2000칼로리 식단을 기준으로 합니다. 내 권장 섭취량은 필요한 칼로리에 따라 더 많거나 적을 수 있습니다.

제5장

운동으로 그리는 미래

내 꿈은 스포츠 의류 브랜드 창업

헬스를 시작하고 나서,

나는 운동복에 대해

완전히 새로운 시각을 갖게 되었다.

처음에는 그저 땀을 흡수하고 몸을 가리는

기능적인 옷으로만 여겼던 운동복이,

어느새 나의 열정과 노력을 표현하는

또 다른 방식이 되어 있었던 것이다.

이런 경험을 통해

나는 미래에 대한 새로운 꿈을 꾸기 시작했다.

바로 나만의 스포츠 의류 브랜드를 만드는 것이다.

내가 꿈꾸는 브랜드는

단순히 멋진 디자인만을 추구하지 않는다.

운동할 때 정말 필요한 기능성과 스타일을

동시에 만족시키는 제품을 만들고 싶다.

이러한 관심은

고등학교 1학년 때부터 시작되었다.

몸이 점점 커지면서

자연스레 그 몸을 멋지게 보여줄 수 있는

다양한 의류 브랜드들에 관심을 갖게 되었다.

특히

브렁크(Brunk), 허그본(Hugobon), 에이치덱스 (H-dex)

같은

한국의 헬스 의류 브랜드들을 자세히 살펴보면서

브랜드별로 2벌씩, 총 10벌 정도의 옷을 구매하며

각 브랜드의 장단점을 분석했다.

이 과정에서 나는 운동복의 기능성과 함께
디자인을 눈여겨보게 되었다.
운동복은 단순히 운동할 때만 입는 옷이 아니다.
상당히 많은 이들이
밖에서도 입을 수 있는
스타일리시한 운동복을 원한다.
특히 근육의 라인을 잘 살리는
타이트한 핏의 반팔 티셔츠나,
캐주얼하게 입을 수 있는
운동복에 대한 수요는 상당히 많다.

이에 따라
인체 공학적 디자인에 큰 관심을 가지게 되었다.
어떤 비율의 디자인이 가장 아름답게 보이는지,
어깨선의 위치나 허리가
얇아 보이는 디자인 등을 연구했다.
나는 운동복의 실질적인 소비자로서
이런 세심한 디테일이 착용감과 외관에

큰 영향을 미친다는 것을 잘 알고 있기 때문에,
이를 장차 내 브랜드에 적용하고 싶다.

나도 중학교 때는
그저 일반 면 티셔츠를 입고 운동했지만,
점차 땀 흡수가 잘되는
기능성 소재의 중요성을 알게 되었고,
이런 경험들이 모여
내가 만들고 싶은 브랜드의 방향을 구체화시켜 주었다.
땀 흡수가 뛰어나면서도
근육의 움직임을 방해하지 않는 소재,
운동 중에도 편안함을 유지할 수 있는 디자인 등을
고민하고 있다.

특히 나는 청소년들을 위한 스포츠 의류에 주목하고 있다.
내가 처음 운동을 시작했을 때 느꼈던
어려움과 필요를 잘 알기 때문이다.
성장기 청소년들의 체형 변화를 고려한 사이즈 체계,
학생들의 취향을 반영한 디자인,
그리고 합리적인 가격대 등을 고민하고 있다.

이 꿈은 단순한 사업 구상이 아니다.

내가 경험한 운동의 즐거움과 변화의 기쁨을

더 많은 사람들과 나누고 싶은 열정에서 비롯된 것이다.

언젠가 내가 만든 옷을 입고 운동하는 사람들을 보며,

그들의 건강한 삶에 조금이나마 기여했다는

뿌듯함을 느낄 수 있었으면 좋겠다.

운동은 나에게 새로운 삶을 선물했다.

이제 나는 이 선물을 더 많은 사람들과 나누고 싶다.

그 꿈을 향한 첫걸음으로,

오늘도 나는

열심히 운동하고, 배우고, 꿈꾼다.

국제학교 진학과
미국 유학 준비

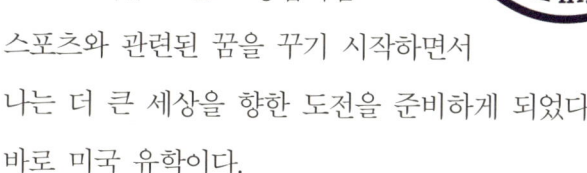

스포츠 의류 브랜드 창업처럼

스포츠와 관련된 꿈을 꾸기 시작하면서

나는 더 큰 세상을 향한 도전을 준비하게 되었다.

바로 미국 유학이다.

최근 스포츠 관련 시장을 조사해보니
미국 시장의 규모가 한국보다
훨씬 크다는 것을 알게 되었기 때문이다.
그리고 이를 위한 첫 걸음으로
국제학교로의 전학을 결정했다.

올해 초부터
차근차근 준비를 시작했고,
2학기부터
집에서 가까운 국제학교에 입학하게 되었다.

2024년 9월에 입학한 이곳에서,
나는 미국 고등학교 2학년 과정을 밟고 있다.
이는 미리 영어 실력을 향상시키고
미국식 교육 시스템에 적응하기 위한
전략적인 선택이었다.

국제학교에서의 생활은
예상보다 더 많은 장점이 있었다.
특히 수학 과목에서 큰 자신감을 얻었다.
나는 일반 고등학교에서는
중상위권 수준이었지만,

여기서는
수학을 가장 잘하는 학생 중 한 명이 되었다.
미국의 수학 교육과정이 한국보다 쉽다는 점이
내게는 큰 장점으로 작용했다.
영어 실력도 부족하지 않아
전반적으로 학업에 잘 적응하고 있다.

나의 성격은
이런 도전적인 상황에 잘 맞는 것 같다.
나는 자기 주장이 강할 뿐 아니라
의지와 집념도 강하며,
한 번 무언가에 집중하기 시작하면
끝까지 밀고 나가는 성격이다.
이런 성격 덕분에 운동도 꾸준히 계속할 수 있었고,
국제학교 적응과 미국 유학 준비도
열심히 해나가고 있다.

대인관계 면에서도 나는 친화력이 좋은 편이다.
많은 친구들과 친하게 지내는 성격이라
국제학교에서도 빠르게 새로운 친구들을 사귈 수 있었다.

이런 성격은 앞으로
미국에서 공부하고 사업을 준비할 때도
큰 도움이 될 것 같다.

운동에 대한 나의 열정은
계속해서 새로운 도전으로 이어지고 있다.
원래 스포츠를 잘하지 못했지만,
지금은 다양한 종목에 도전하고 있다.
최근에는 복싱을 시작했고,
농구도 친구에게 배우고 있다.
복싱은 한 달 정도 됐는데,

이전에 해봤던 경험을 살려 다시 시작하게 되었다.
앞으로도 다른 스포츠를 배워볼 생각이다.
헬스를 통해 체력이 많이 좋아져서
다양한 스포츠에 도전할 수 있는 자신감이 생겼다.

미국 유학을 준비하면서
이런 다양한 스포츠 경험이 큰 도움이 될 것이라 생각한다.
미국은 스포츠 문화가 발달한 나라이기 때문에,
내가 쌓은 경험들이
그곳에서의 적응과 성공에 중요한 역할을 할 것이다.
특히 스포츠 의류 브랜드를 만들고자 하는 내 꿈을 위해,
다양한 스포츠를 직접 경험해보는 것은
매우 중요하다고 생각한다.

국제학교 진학과 미국 유학 준비는
단순히 학위를 얻기 위한 과정이 아니다.
이는 내 꿈을 실현하기 위한 중요한 단계이며,
글로벌 리더로 성장하기 위한 발판이다.
이 과정에서 얻게 될 지식, 경험, 인맥은
앞으로 내가 만들어갈 스포츠 브랜드의 근간이 될 것이다.

지금의 도전이 때로는 힘들고 어렵게 느껴질 때도 있지만,
나의 끈기와 열정으로
이 모든 어려움을 극복해 나갈 것이다.
그리고 언젠가 내가 만든 브랜드의 옷을 입고
다양한 스포츠를 즐기는 전 세계의 사람들을 상상하며,
오늘도 나는 꿈을 향해 한 걸음 더 나아간다.

10대들이여! 운동을 하자!!

나는 이 책을 통해 계속해서 강조해 왔듯
운동을 통해 인생의 변화를 경험한 사람이다.
그래서 한국의 많은 10대들이
운동을 소홀히 하고 있다는 사실에
깊은 우려를 느끼지 않을 수 없다.
가까운 친구들만 봐도
학업에 대한 과도한 부담감으로 인해
운동할 시간을 전혀 내지 못하는 이들이 많다.
하지만 운동은 시간 낭비가 아니다.

운동은 오히려 학업 성취에 긍정적인 영향을 미친다.
많은 10대들이
공부할 시간이 부족하다는 이유로 운동을 미루지만,
실제로 규칙적인 운동은
집중력과 기억력을 향상시켜
학습 효율을 높인다는 연구 결과가 많다.
나 역시 운동을 시작한 후
오히려 공부에 더 잘 집중할 수 있었다.

더불어, 스트레스 관리에 운동만 한 것이 없다.
입시 준비와 학교생활에서 오는 압박감은
10대들의 정신 건강을 위협한다.
운동은 이러한 스트레스를 해소하는
가장 건강한 방법 중 하나다.
운동 후의 상쾌함은 마음의 여유를 가져다 주고,
일상의 도전들을 더 잘 헤쳐나갈 수 있게 해준다.

운동은 사회성 발달에도 큰 도움이 된다.
팀 스포츠나 운동 동아리 활동을 통해
새로운 친구를 사귀고 협동심을 기를 수 있다.

이는 학교생활을 더욱 즐겁게 만들고,
미래 사회생활에도 중요한 자산이 될 것이다.

무엇보다 장기적인 관점으로 볼 때,
10대 때 형성된 운동 습관은
평생의 건강을 좌우한다.
여러분의 꿈이 무엇이든 간에
건강한 신체가 꿈을 실현하는 데
필수적인 요소라는 것을 부인할 사람은
아마 없을 것이다.

어디 그뿐이랴?
운동은 새로운 진로의 가능성을 열어준다.
스포츠 선수나 트레이너뿐만 아니라,
스포츠 의학, 운동 생리학 등
관련 학문 분야로의 진출도 가능하다.
나 역시 운동을 통해
스포츠 의류 브랜드에 대한 관심이 생겼고,
이는 새로운 진로 목표가 되었다.

그러므로 이 책을 읽는 모든 10대들에게
지금 당장 일어나
운동을 시작할 것을 강력히 권하는 바이다.
여러분의 주된 관심사가 무엇이든,
운동은 그것을 보완하고
더 나은 성과를 이루는 데 도움을 줄 것이다.
더 나은 인생을 위해
지금 당장 할 수 있는 가장 쉽고도 효과적인 선택,
그것이 바로 운동이다.

에필로그
끝나지 않은 도전

거울 앞에 선 나는

이제 더 이상 누구에게도 부끄럽지 않다.

172cm의 키에 75kg,

넓어진 어깨와 단단한 근육,

그리고 자신감이 넘치는 눈빛을 가진 청년,

그가 바로 나다.

이 모든 것은

내가 직접 쌓아올린 결과물이다.

운동을 통해 내 몸뿐만 아니라

나 자신을 완전히 새롭게 만들어냈다.

지금 나는 국제학교로 전학을 하고
미국 유학을 준비하면서
또 다른 도전 앞에 서 있다.
하지만 운동을 통해 얻은 자신감과 끈기는
이제 나의 모든 삶의 영역으로 확장되고 있다.
나는 언젠가
나만의 스포츠 의류 브랜드를 만들겠다는
꿈을 가지고 있고,
더 많은 청소년들에게
건강한 삶의 방식을 전파하고 싶다는
열망으로 가득 차 있다.

스포츠 브랜드에 쓸 용도로
최근에 만들어 본 로고 기안이다.
위의 모양은 덤벨,
아래는 드라큘라를 상징하는 이빨 모양으로
심플하면서 강한 체력을 상징한다.

이 모든 것들이 내 안에서 타오르듯이

나를 이끌고 있다.

운동은

단순히 내 몸을 바꾸는 도구가 아니었다.

그것은 나를 변화시키는 철학이었고,

삶의 방식이 되었다.

나는 이제 확실히 알고 있다.

진정한 변화는 끊임없는 도전에서 온다는 것을.

그리고 그 도전은

끝이 없다는 사실을 말이다.

이 책을 읽는 여러분에게 꼭 말하고 싶다.

여러분의 인생에도

반드시 터닝포인트가 올 것이다.

그 순간이 왔을 때,

두려워하지 말고 변화를 받아들이길 바란다.

그리고 혹시 그 변화의 중심에 운동이 있다면,

주저하지 말고 그것을 꼭 붙잡으라고 말하고 싶다.

운동은

여러분을 더 강하고,

더 자신감 넘치는 사람으로 만들어줄 것이다.

나는 여러분이 나처럼 운동을 통해
더 나은 자신을 발견할 수 있기를 진심으로 바란다.
변화는 쉽지 않지만 그만큼 값지다.
그러니 두려워하지 말고
그 변화를 향해 한 걸음 더 내딛으라.
건강하고 행복한 삶을 위해,
오늘부터 운동에 미쳐보라.

분명 나의 도전이 끝나지 않은 것처럼,
당신의 도전도 계속될 것이다.

나와 함께 변화하고,
함께 성장해보지 않겠는가?
운동을 시작하기로 결심한 그 순간,
당신은
이전과는 전혀 다른 인생길을 걷게 될 것이다.

부록

벤치프레스(Bench Press)

1. 플랫 벤치프레스(Flat bench press)[1]

가장 일반적인 형태의 벤치프레스로 평평한 벤치에서 수행한다. 바벨을 가슴 위로 내리고 다시 밀어 올리는 동작이다.

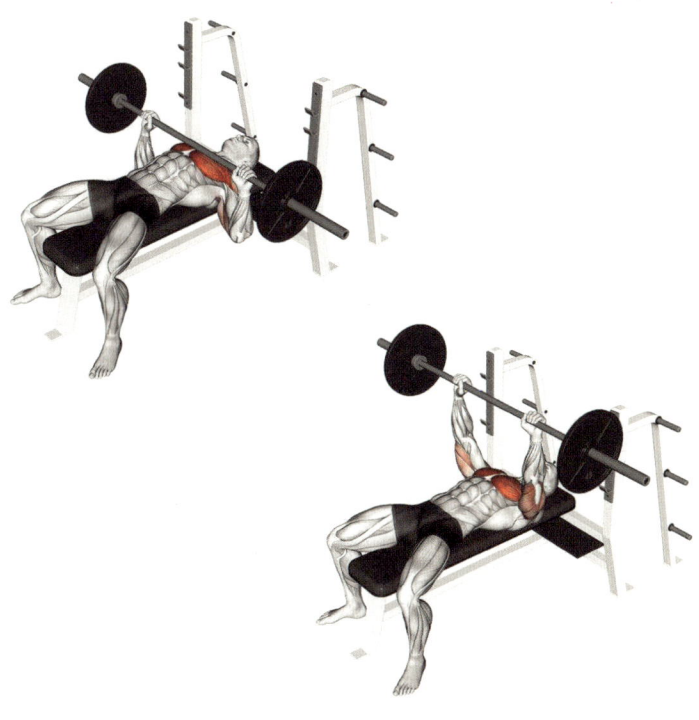

---

1) 이미지 출처
   https://powerliftingukipl.org/bench-press/

2. 인클라인 벤치프레스(Incline Bench press)[2]

벤치를 약 30도에서 45도 정도 기울여서 수행한다. 바벨을 내릴 때 가슴의 상부를 더 많이 자극한다.

---

2) 이미지 출처
https://liftmanual.com/barbell-reverse-grip-incline-bench-press/

3. 디클라인 벤치프레스(Decline Bench press)[3]

벤치를 하향으로 기울여서 수행한다. 바벨을 내릴 때 가슴의 하부를 더 많이 자극한다.

---

[3] 이미지 출처
https://homegymsupply.co.uk/blogs/guides/decline-bench-press-muscles-worked

4. 덤벨 벤치프레스(Dumbel Bench press)[4]

바벨 대신 덤벨을 사용하여 수행한다. 덤벨을 이용하면 양쪽 팔을 개별적으로 움직일 수 있어 근육의 균형과 안정성을 강화할 수 있다.

---

4) 이미지 출처
   https://menspower.nl/dumbbell-chest-press/

5. 좁은 그립 벤치프레스(Close Grip Bench press)[5]

손의 그립을 좁게 잡아 수행한다. 삼두근에 더 많은 자극을 주며, 가슴보다는 팔의 힘을 더 많이 사용한다.

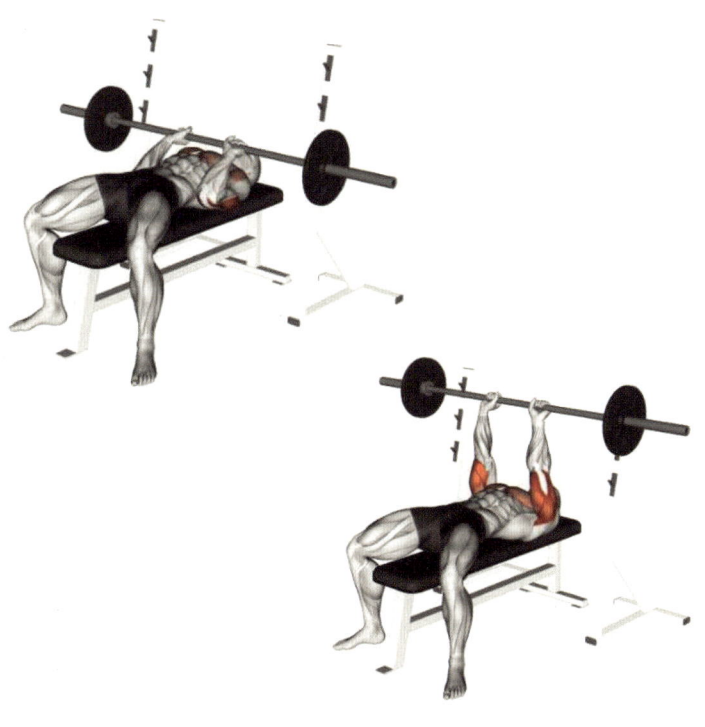

---

5) 이미지 출처
https://fitnessprogramer.com/exercise/barbell-reverse-close-grip-bench-press/

데드리프트(Deadlift)

1. 루마니안 데드리프트(Romanian Deadlift)[6]

루마니아 역도팀에서 허벅지 뒤쪽 근육들에 자극을 집중시키기 위해 만들어낸 동작으로 무릎이 굽혀지는 각도보다 고관절이 굽어지는 각도가 크기 때문에 허벅지 뒤쪽, 엉덩이, 허리 근육에 자극이 많이 된다.

---

6) 이미지 출처
https://www.oldschoollabs.com/stiff-leg-deadlift-vs-romanian-deadlift

2. 스모 데드리프트(Sumo Deadlift)[7]

스모선수들의 준비 자세와 비슷하여 붙여진 이름으로 골반 움직임과 하체 움직임의 조화가 잘 이루어지도록 해야 제대로 된 자세를 만들 수 있다.

---

7) 이미지 출처
   https://www.inspireusafoundation.org/sumo-deadlift/

3. 스티프레그 데드리프트(Stiff-Leg Deadlift)[8]

stiff, 즉 '뻣뻣함'이란 뜻으로 무릎관절의 참여가 거의 없기 때문에 유연성이 많이 요구되는 자세이다. 그리고 허리와 허벅지 뒤쪽에 자극이 매우 크기 때문에 무리하게 고중량으로 도전했다가 부상 당하기 쉽다.

---

8) 이미지 출처
   https://fitnessprogramer.com/exercise/stiff-leg-deadlift/

4. 컨벤셔널 데드리프트(Conventional Deadlift)9)

데드리프트의 기본 동작으로 역도선수들이 바닥에서 무게를 들어 올릴 때 처음 하는 자세이다. 일상생활 속에서 무거운 물건을 들어 올릴 때 가장 안전하게 들 수 있는 자세이며, 하체, 코어, 상체, 협응력, 파워 등 운동능력 전반에 효과가 좋다.

---

9) 이미지 출처
   https://ritapt.com/articles/which-deadlift-is-best-for-you/
   https://www.mentoday.ru/fitness/training/rumynskaya-stanovaya-tyaga-so-shtangoy-tehnika-vypolneniya-klyuchevye-oshibki/

스쿼트

1. 바벨 백 스쿼트(Barbell Back Squat)[10]

가장 보편적인 보디빌더 식의 스쿼트로 바벨을 등 뒤쪽 승모근 위에 견착시켜 얹어놓고 스쿼트를 진행하기 때문에 스쿼트 동작을 수행하는 내내 등 쪽에 얹어놓은 중량을 버티며 척추의 중립과 등척성 자세를 유지하는 것이 필요하다. 코어와 등의 개입이 많은 스쿼트이다.

---

10) 이미지 출처
https://fitnessprogramer.com/exercise/squat/

2. 프론트 스쿼트(Front Squat)[11]

어깨 앞쪽에 바벨을 얹어놓고 팔꿈치는 앞으로 빼서 손끝으로 바벨을 가볍게 지지해 주며 스쿼트를 수행한다.

중량이 앞쪽에 놓이기 때문에 상체는 앞으로 쏠리지 않고 곧게 세우는 포지션을 취하게 되며, 자연스럽게 힙은 아래를 향하며, 햄스트링과 둔근을 충분히 늘려 깊숙하게 앉는 풀 스쿼트로 진행하게 된다.

---

11) 이미지 출처
https://www.kettlebellkings.com/blogs/default-blog/front-squats

3. 고블릿 스쿼트(Goblet Squat)[12]

고블릿 스쿼트는 프론트 스쿼트의 일종으로 중량을 몸에서 너무 멀어지지 않게 위치시키고 팔꿈치는 무릎에 닿을 정도로 앉아주는데, 이 자세를 위해 척추의 중립과 복부의 안정화를 위한 힘이 필요하다. 또한 덤벨이나 커틀 벨과 같은 중량으로 간편하게 할 수 있어서 홈트레이닝 시에 유용하다.

---

12) 이미지 출처
https://fitnessprogramer.com/exercise/dumbbell-goblet-squat/

4. 와이드 스탠스 스쿼트(Wide-Stance Squat)[13]

와이드 스탠스 스쿼트는 보폭을 넓게 벌리고 하는 스쿼트로 보폭이 넓어질수록 허벅지 안쪽의 내전근의 개입이 커진다. 따라서 허벅지 안쪽에 자극을 주고자 할 때에는 와이드 스탠스 스쿼트를 병행해주는 것이 좋다.

---

13) 이미지 출처
 https://liftmanual.com/dumbbells-sumo-squat/
 https://www.shutterstock.com/search/squat-anatomy